MEMOIRE

POUR CLAUDE-FRANÇOIS JORE.

CONTRE le Sieur François-Marie de Voltaire.

J'AI payé bien cherement la confiance aveugle que j'ai eu pour le Sieur de Voltaire. Ebloui par ses talens, je me suis livré à lui sans réserve. J'y ai perdu ma fortune, ma liberté, mon état. Dans ma triste situation je me suis adressé à lui, & l'ai prié de me payer 1400. livres 5. sols qu'il me doit. Toutes sortes de motifs devoient l'engager à ne pas balancer sur une demande aussi juste : l'équité, la commiseration même pour un homme dont il a causé la ruine. Quelle est la réponse que j'en ai reçûë ? Des injures & des menaces. Le Sieur de Voltaire s'est néanmoins radouci : il a fait l'effort de m'offrir par degrez jusqu'à cent pi-

A

ſtoles. Dans tout autre tems je n'aurois pas heſité d'accepter ſon offre ; je l'aurois certainement préferée à la douloureuſe extrêmité de traduire en Juſtice un homme dont j'ai été moi-même l'admirateur, & qui m'avoit ſéduit par le brillant de ſon imagination ; mais les pertes que j'ai eſſuyées me mettent dans l'impoſſibilité d'en ſupporter de nouvelles. Ainſi après avoir tenté inutilement toutes les voies de la politeſſe ; après m'être adreſſé à des perſonnes reſpectables pour eſſayer de faire ſentir au Sieur de Voltaire l'injuſtice & la baſſeſſe de ſon procedé ; je me ſuis vû dans la dure néceſſité de le citer devant les Juges.

Pour défenſes il m'oppoſe par écrit une fin de non recevoir, & employe ſa voix à publier dans le monde qu'il m'a payé.

C'eſt à cette alternative que je dois répondre. En même - tems que j'attaque le Sieur de Voltaire pour le payement d'une ſomme qu'il me doit, j'ai à me défendre de la lâcheté qu'il m'impute, de lui demander un payement que j'ai reçû. Ma juſtification n'eſt pas ce qui m'inquiéte. Un compte exact des faits qui ſe font paſſés entre le Sieur de Voltaire & moi, effacera bientôt toute idée de payement. Si le contrecoup en eſt cruel pour le Sieur de Voltaire ; ſi le récit que je vais en faire contient même des faits humilians pour lui, qu'il ſe reproche de m'y avoir réduit pour me laver d'une baſſeſſe. La conduite que j'ai toûjours tenuë avec lui, fera bien voir que jamais je ne me ſerois porté de moi-même à cette extrêmité. A l'égard de la fin de non recevoir qui m'eſt oppoſée, il ne me ſera pas difficile de prouver qu'elle n'a pas plus de réalité que le payement.

J'ai connu particulierement le Sieur de Voltaire pour lui avoir donné un logement chez moi pendant un ſéjour de ſept mois qu'il a fait à Rouen en 1731. Il choiſit ma maiſon pour y deſcendre, & j'avouë que je fus doublement ſenſible à cette préference ;

tant par les esperances flateuses que j'en conçûs pour mon commerce, que par la vanité de posseder un hôte, dont le nom faisoit tant de bruit. Je ne pus cependant joüir de cet honneur aux yeux de la Ville. Soit modestie, soit politique, le Sieur de Voltaire ne voulut y être regardé que comme un Seigneur Anglois, que des affaires d'Etat avoient obligé de se réfugier en France. Il parloit moitié Anglois, moitié François. Toute ma maison fut fidele au secret. Ainsi le Seigneur Anglois content d'un respect vulgaire dû à son rang, échapa humblement aux honneurs, qu'une Ville composée de gens de condition & d'esprit, n'auroit sans doute pas manqué de rendre à l'illustre Voltaire, si elle avoit sçû que ce grand homme étoit renfermé dans l'enceinte de ses murs.

Le Sieur de Voltaire avoit pour objet dans son voyage l'impression de son Charles XII. dont il fit faire deux différentes éditions tout à la fois, & une nouvelle édition de la Henriade. Lorfque cet Auteur dit qu'il ne vend point fes ouvrages, c'eft-à-dire qu'il ne les vend point à fortfait, & effectivement il y perdroit trop. Il eft dans l'ufage de les faire imprimer à fes frais ; & après en avoir détaillé par lui-même une partie, il vend à un Libraire le furplus de l'édition, qui tombe dans l'inftant par une nouvelle qu'il fait fucceder, à la faveur de quelques changemens legers. C'eft par ce petit fçavoir faire que les faveurs des Mufes ne font point pour Voltaire des faveurs fteriles ; & que devenu fage par l'exemple de tant d'autres Poëtes, il fçait s'en fervir utilement pour fe procurer auffi celles de Plutus.

Après un féjour de trois mois à la Ville, Milord Voltaire eut befoin pour fa fanté de prendre l'air à la campagne. Toûjours attentif à plaire à mon hôte je fçûs lui procurer une jolie maifon de Campagne à une lieuë de Rouen. Avant que de partir le Sieur de Voltaire, par un trait d'économie voulut congedier un valet que j'avois arrêté pour lui à 20. fols par jour ; mais pour le coup Voltaire trahit le Seigneur Anglois ; il ne voulut payer le valet que fur le pied de dix fols , & coupa ainfi fes gages par la moitié. Je tirai 45. livres de ma bourfe & terminai la conteftation.

Ces 45 liv. ne m'ont jamais été rendues. Il eft vrai que le Sieur de Voltaire parla galamment de les acquitter avec une Pendule, qui manquoit à la parure de la Chambre où il couchoit ; mais ni la Pendule ni le payement ne font venus , & ce n'eft pas la feule petite dette que j'aye à répeter contre lui.

Le Sieur de Voltaire paffa un mois à la campagne. Il y vivoit , comme dans l'âge d'or , d'herbes , d'œufs frais & de laitage. La Jardiniere qui lui fourniffoit ces alimens champêtres , lui rendoit auffi d'autres fervices. Elle alloit trois fois la femaine à la Ville pour les épreuves de l'impreffion. Le Sieur de Voltaire ne fut pas ingrat de fes bons offices. Pour récompenfer fes peines

& lui payer un mois de penſion , il lui donna noblement ſix livres. Cette femme m'en
porta ſes plaintes , me repreſenta que ſes
œufs n'étoient ſeulement pas payés , & par
honneur je pris encore le ſoin d'appaiſer ſes
murmures & de la ſatisfaire.

Je le perdis enfin cet hôte illuſtre. Il s'en
retourna à Paris , après un ſéjour de ſept
mois , tant chez moi qu'à la maiſon de campagne d'un de mes amis , & le rolle de
Seigneur Anglois finit glorieuſement par
une piece de vingt-quatre ſols , dont ſa
généroſité gratifia la ſervante d'une maiſon
où rien ne lui avoit manqué pendant un ſi
long eſpace de tems , ſoit en ſanté , ſoit
dans une maladie qu'il y avoit eſſuyée.

Ce n'eſt qu'avec une peine extrême que
j'ai pris ſur moi d'entrer dans ce détail. Je
ſerois au déſeſpoir qu'il tombât dans l'eſprit
de quelqu'un , que j'aye deſſein de reprocher au Sieur de Voltaire la dépenſe qu'il
m'a occaſionnée , ni de lui demander qu'il
m'en tienne compte. En expoſant ſa con-

duite & la mienne, je n'ai penſé qu'à en montrer l'oppoſition. J'ai voulu faire voir, par l'empreſſement que j'ai toujours eu à obliger le Sieur de Voltaire, & par les procedés que j'ai toujours tenus avec lui, combien je ſerois éloigné d'une lâcheté pareille à celle de lui demander un payement que j'aurois reçû; qu'au contraire l'indignité avec laquelle il en uſe aujourd'hui à mon égard, eſt préciſément dans ſon caractere, que ſon penchant l'entraîne naturellement vers l'ingratitude, & le porte à fruſtrer généralement tous ceux envers qui il eſt redevable.

A peine le Sieur de Voltaire fut-il de retour à Paris, qu'il me manda de le venir trouver pour une affaire importante qu'il vouloit me communiquer. Je partis ſur le champ & me rendis à ſes ordres chez la Dame de Fontaine-Martel, où il avoit établi ſon domicile: car quoique ce riche Partiſan de la République des Lettres jouiſſe de 28000 liv. de rente, cependant il n'a jamais crû qu'un grand Poëte tel que lui, dût se loger & vivre à ses dépens.

La grande affaire dont il s'agissoit, étoit l'impression de 25 Lettres, qui pour mon malheur ne sont que trop connuës, & pour lesquelles le Sieur de Voltaire m'assura avoir une permission verbale. En même tems pour solde d'un vieux compte montant à 700 liv. il me donna en payement quelques exemplaires de la Henriade, qu'il se disposoit secretement à faire réimprimer avec des additions, & un reste des éditions de son Charles XII. dont le lendemain il vendit un Manuscrit plus ample au Sieur François Josse Libraire de Paris.

J'avouë que les différens traits, dont j'avois été témoin, auroient dû me dessiller les yeux sur le Sieur de Voltaire ; mais ils n'étoient ouverts que sur le mérite de l'Auteur ; & sçachant qu'effectivement il avoit souvent obtenu par son crédit des permissions & des tolérances, je me fiai à sa parole, & j'eus la facilité d'accepter le Manufcrit pour l'exécuter. Le Sieur de Voltaire de fon côté s'engagea à payer l'impreſſion & le papier, & à faire tous les frais de l'édition. Il exigea en même tems que les épreuves des premieres feüilles lui fuſſent envoyées par la pofte ; elles l'ont été en effet à fon nouveau domicile, chez le Sieur Defmoulins Marchand de bleds, & fon affocié dans ce Commerce, où il avoit été loger depuis la mort de Madame de Fontaine-Martel.

L'édition ayant été achevée en affez peu de tems, le Sieur de Voltaire, dont l'ouvrage commençoit à faire du bruit, me fit avertir de la mettre à l'écart & en fûreté, entre les mains d'un de fes amis, qui devoit m'en payer le prix. Je connus alors le tort que j'avois eu de me fier à la parole du Sieur de Voltaire, fur la permiſſion d'imprimer ce Livre. Cependant, quoique l'édition fût confidérable, puifqu'elle avoit été tirée à 2500. Exemplaires, je pris le parti de ne m'en point défaifir, à moins qu'on

ne m'envoyât un certificat de la permiſſion.
J'en fis même changer le dépôt. Je me
rendis en même tems à Paris chez le Sieur
de Voltaire, & lui fis part de ma réſolu-
tion. De ſon côté, il convint de faire quelques changemens à l'ouvrage. Pour y tra-
vailler & en conférer, il me demanda deux
Exemplaires , que je ne fis aucune diffi-
culté de lui donner.

Ce fut alors que l'imagination vive &
féconde du Sieur de Voltaire lui fit enfan-
ter un projet admirable pour ſe tirer d'affaire. J'étois en procès avec le Sieur Ferrant
Imprimeur de Roüen , qui avoit contrefait
un Livre dont j'avois le privilége. Le Sieur
de Voltaire me conſeilla de lui faire donner
ſous-main ſon Ouvrage en manuſcrit. Il ne
manquera pas , ajoûta-t-il , de tomber dans
le piége & de l'imprimer : l'édition ſera
ſaiſie à propos : les Superieurs , inſtruits que
je n'aurai eu aucune part à l'impreſſion ,
jugeront que le Manuſcrit m'aura été vo-
lé , & que par conſéquent je ne puis être

responsable des autres éditions qui en pourront paroître. Par ce moyen j'aurai la liberté de publier la mienne sans obstacle, & nous ferons l'un & l'autre à l'abri.

Le Sieur de Voltaire s'applaudit beaucoup de cette invention, qui lui paroissoit merveilleuse, & fut surpris d'appercevoir que je l'écoutois froidement. Je m'excusai sur la pésanteur de mon esprit, qui m'empêchoit de goûter cet expédient. Ma simplicité lui fit pitié ; elle m'attira même une riche profusion d'épithétes, malgré lesquelles je persistai dans mon refus.

J'ai dit que j'avois remis au Sieur de Voltaire deux Exemplaires, pour revoir les endroits qui avoient besoin d'être retouchés ; quel est l'usage qu'il en fit ? C'est ce qu'il faut voir dans une lettre qu'il m'a écrite, & qui est imprimée à la suite de ce Memoire. Il en confia l'un, dit-il, pour le faire relier ; à qui ? à un Libraire qui le fit copier à la hâte & imprimer.

Voltaire eut-il quelque part à cette édition ? Quand il pourroit s'en deffendre ; quand je n'irois pas plus loin que l'aveu qu'il fait dans sa Lettre ; quels reproches n'aurois-je pas à lui faire sur son infidélité & sur l'abus qu'il a fait de ma confiance ? Mais n'ai-je à lui reprocher que cette infidélité ? Est-il vrai-semblable, que pour relier un livre, Voltaire se soit adressé, non à son Relieur, mais à un Libraire ? Qu'il ait livré un ouvrage qui pouvoit causer ma ruine, qu'il devoit regarder comme un dépôt sacré, & dont il craignoit la *contrefaction* ; qu'il l'ait livré, dis-je, à un Libraire, & à un Libraire, non seulement, qui par sa profession même lui devenoit suspect ; mais qu'il connoissoit si mal ? d'ailleurs, par qui ce Libraire a-t-il pû être informé que l'Exemplaire qui lui étoit remispar le Sieur de Voltaire sortoit de mon Imprimerie ? Qui a pû en instruire celui, qui avant que l'édition de ce Libraire parut, vint me prier de lui fournir 100. Exemplaires du Livre & m'en offrit 100. loüis d'or, que j'eus la conſtance de refuſer ? * A l'inſtigation de qui les Colporteurs , chargés de débiter dans Paris l'édition de ce Libraire, annon-çoient-ils au public que j'en étois l'Auteur ? C'eſt un fait que j'ai éprouvé moi-même. A qui attribuer cette édition étrangere qui parut en 1734. préciſément dans l'époque de mes malheurs : édition que Voltaire a augmentée d'une vingt-ſixiéme Lettre , dans laquelle il répond à des faits qui ne ſont arrivés qu'en 1733. édition qui ſe ven-doit chez Ledet Imprimeur du Sieur de Voltaire à Amſterdam , & qui a pour ti-tre LETTRES , &c. PAR M. DE V*** A ROUEN CHEZ JORE M. DCCXXXIV. Et pour tout dire , en un mot ; qu'eſt-ce que cette Lettre écrite contre moi au Mi-niſtere ? Car enfin , c'eſt trop balancer ſur la perfidie du Sieur de Voltaire ; l'édition du Libraire de Paris ſe répand dans le pu-

---

* Ils furent offerts ſur l'un des deux Exemplaires remis au Sieur de Voltaire : cet Exemplaire avoit été vû par des perſonnes de la premiere qualité , & avoit piqué leur curioſité.

blic, je suis arrêté & conduit à la Baſtille, & quel eſt l'auteur de ma détention ? Sur la dénonciation de qui ſuis-je arrêté ? Sur celle du Sieur de Voltaire. Je ſuis ſurpris qu'on me préſente une Lettre de lui, dans laquelle il m'accuſe fauſſement d'avoir imprimé l'édition, qui paroît, dit-il, malgré ſon conſentement.

Que peut répondre le Sieur de Voltaire à tous ces faits qui me confondent moi-même ? N'étoit-il qu'infidéle ? Etoit-il ſeulement coupable d'avoir trahi le ſecret d'un homme qu'il avoit ſéduit par l'aſſûrance d'une permiſſion tacite, & d'avoir publié ce ſecret à qui avoit voulu l'entendre ? Etois-je moi-même infidéle à ſes yeux ? Le Sr. de Voltaire crut-il effectivement que l'édition qui paroiſſoit étoit la mienne ? Pouvoit-il le penſer, lorſque j'avois refuſé les mille écus qu'il m'avoit fait offrir lui-même pour cette édition, & que j'avois déclaré que je ne conſentirois jamais à la laiſſer répandre, ſans le certificat de la permiſſion ?

Etoit-il même poſſible, que verſé comme il eſt dans l'Imprimerie, il méconnût les différences de ces deux éditions, le papier, les caraéteres, quelques termes même qu'il avoit changés ? Ou au contraire le Sieur de Voltaire avoit-il réſolu de me ſacrifier ? Piqué de mes refus, déſeſpérant également d'obtenir une permiſſion, & de me faire conſentir à laiſſer paroître ſon ouvrage ſans me la rapporter, ne me demanda-t-il les deux Exemplaires que pour en faire faire une autre édition, & pour en rejetter ſur moi l'iniquité ? J'avouë que c'eſt un cahos dans lequel je n'ai jamais pû rien comprendre, parce qu'il eſt des noirceurs, dont je ne ſçaurois croire les hommes capables. Ce qui eſt certain, c'eſt que deux jours après avoir obtenu ma liberté, le Magiſtrat à qui je la devois, me montra une ſeconde Lettre de Voltaire, dans laquelle en m'accuſant de nouveau d'avoir fait paroître mon édition, il ajoûtoit que j'étois d'autant plus coupable qu'il m'avoit mandé de la remettre

tre à Monsieur Roüillé, & m'avoit offert de m'en payer le prix; & ce qui est encore certain, est que dans la Lettre que l'on mettra sous les yeux des Juges à la suite de ce Memoire, après avoir fait mention de cette autre Lettre, par laquelle il me marquoit, dit-il, de remettre toute mon édition à M. Roüillé, le Sieur de Voltaire reconnoît de bonne-foi que j'étois à la Bastille lorsqu'il me l'écrivit, c'est-à-dire, qu'il a commencé par m'accuser d'avoir rendu mon édition publique; qu'ensuite lorsque, sur sa fausse dénonciation, j'étois à la Bastille, il m'a écrit de remettre à M. Roüillé cette même édition que je n'avois plus, & que par une double contradiction qui dévoile de plus en plus le dessein qu'il avoit formé de me perdre, il a voulu encore me charger de n'avoir répandu l'ouvrage dans le public, qu'après qu'il m'avoit averti de la remettre aux Magistrats.

Cependant je parvins à prouver l'imposture du Sieur de Voltaire. Je fis voir que

B

l'édition n'étoit pas de mon Imprimerie, &
que je n'avois point de caracteres fembla-
bles, de façon que j'obtins ma liberté au
bout de 14. jours.

Mais mon bonheur ne fut pas de lon-
gue durée. Mon édition fut furprife & faifie,
& j'éprouvai bientôt une nouvelle difgra-
ce plus cruelle que la premiere. Par Arrêt
du Confeil du mois de Septembre 1734.
j'ai été deftitué de ma maîtrife, déclaré in-
capable d'être jamais Imprimeur ni Libraire.

Tel eft l'état où m'a réduit la malheureufe confiance que j'avois eûë pour le
Sieur de Voltaire; état d'autant plus trifte
pour moi que je lui ai été plus fidele, puif-
que indépendemment des 100. Louis que
j'ai refufés pour 100. exemplaires d'une per-
fonne, dont l'honneur m'étoit trop connu
pour me laiffer rien appréhender de fa part,
je ne voulus pas écoûter la propofition du
Sieur Chatelain Libraire d'Amfterdam,
qui pour un feul exemplaire m'offrit 2000.

livres ; avec une part dans le profit de l'édition qu'il en comptoit faire, & que mon scrupule alla même jusqu'à ne vouloir pas permettre de prendre lecture de l'ouvrage en ma préfence à un ami qui avoit apparemment appris mon fecret par la même voie qui en avoit inftruit tant d'autres.

Dans l'abîme où je me fuis vû plongé par mon Arrêt, fans profeffion, fans reffource, je me fuis adreffé à l'auteur de tous mes maux, perfuadé que je ne devois mes malheurs qu'au déreglement de fon imagination, & que le cœur n'y avoit point de part. J'ai été trouver Voltaire ; j'ai imploré fon crédit & celui de fes amis. Je l'ai fupplié de l'employer pour me procurer quelque honnête moyen de fubfifter & de me rendre le pain qu'il m'avoit arraché. Il m'a leuré d'abord de vaines promeffes ; mais bientôt, il s'eft laffé de mes importunités & m'a annoncé que je n'avois rien à efperer de lui. Ce fut alors que n'ayant plus de grace à attendre du Sieur de Voltaire, fi cependant ce que je lui demandois en étoit une, j'ai crû pouvoir au moins exiger de lui le payement de l'impreſſion de ſon livre. Pour réponſe à la lettre que je lui écrivis à ce ſujet, il me fit dire de paſſer chez lui. Je ne manquai pas de m'y rendre, & ſuivant ſon uſage, il me propoſa de couper la dette par la moitié. Je lui répliquai ingénument que je conſentirois volontiers au partage, à condition qu'il ſeroit égal; que j'avois été priſonnier à la Baſtille pendant 14. jours; qu'il s'y fît mettre ſept, que l'impreſſion de ſon livre m'avoit cauſé une perte de 22000. livres qu'il m'en payât 11. qu'il me reſteroit encore ma deſtitution de maîtriſe pour mon compte. Ma franchiſe déplût au Sieur de Voltaire, qui cependant par réflexion pouſſa la généroſité juſqu'à m'offrir cent piſtoles pour ſolde de compte; mais comme je ne crus pas devoir les accepter, mon refus l'irrita, il ſe répandit en invectives, & alla même juſqu'à me menacer d'employer pour me perdre ce puiſſant crédit dont ſon malheureux Imprimeur s'étoit vainement flaté, pour sortir de la triste affaire où il l'avoit lui-même engagé.

Voilà les termes où j'en étois avec le Sieur de Voltaire, lorsque je l'ai fait assigner le 5. du mois dernier. Les défenses qu'il m'a fait signifier méritent bien de trouver ici leur place ; » Il y a lieu, dit-il, d'être » surpris de mon procedé témeraire. Mon » avidité me fait en même-tems tomber dans » le vice d'ingratitude contre lui, & lui in- » tenter une action qui n'a aucun fonde- » ment, d'autant qu'il ne me doit aucune » chose, & qu'au contraire il m'a fait con- » noître qu'il est trop généreux dans l'occa- » sion pour ne pas satisfaire à ses engage- » mens ; c'est pourquoi il me soutient pure- » ment & simplement non recevable en ma » demande dont je dois être débouté avec dépens.

C'est ainsi que le Sieur de Voltaire, non content de vouloir me ravir le fruit de mon travail, non content de manquer à la reconnoiſſance & à la juſtice qu'il me doit, m'inſulte & veut me noircir du vice même qui le caractériſe. Ce trait ne ſuffit pas encore à ſa malignité. Il oſe publier dans le monde qu'il m'a payé & que dans l'appréhenſion que je ſens qu'il peut-être devoir ſe rallumer un feu caché ſous la cendre, j'abuſe de la triſte conjončture où il ſe trouve pour faire revivre une dette acquittée. Sous ce pretexte il ſe déchaîne contre moi, & ſa fureur ne peut être aſſouvie ſi ce faux délateur n'obtient une ſeconde fois de me voir gémir dans les fers. Aſſuré ſur mon innocence, ſur l'équité de ma cauſe, ſur la renommée de Voltaire, je n'ai été allarmé ni de ſes menaces, ni de ſes vains diſcours; & convaincu par ma propre expérience à quel point il ſçait ſe joüer de ſa parole, je n'ai pû me perſuader que ſon témoignage fût aſſez ſacré pour me faire condamner ſans m'entendre.

Je ſuis donc demeuré tranquille & ne me ſuis occupé que de ma deffenſe. Je me dois à moi-même ma propre juſtification. J'ai penfé que je ne pouvois mieux l'établir qu'en rendant un compte exact des faits. Les réflexions que je vais ajouter en prouveront la vérité : en même tems qu'elles feront ceffer les clameurs du Sieur de Voltaire, elles rejetteront fur lui l'opprobre dont il cherchoit à me couvrir, & engageront même à me plaindre fur ma malheureufe étoile qui m'a procuré une auffi étrange liaifon. En effet, quelle fatale connoiffance pour moi que celle du Sieur de Voltaire? & que penfer de cet homme dont il eft également dangereux d'être ami comme ennemi, dont l'amitié a caufé ma ruine & ma perte, & qui ne veut rien moins que me perdre une feconde fois, s'il eft poffible, depuis que pour lui demander mon dû, je fuis devenu fon ennemi.

Maintenant il me refte à établir mes moyens & à répondre aux objections du Sieur de Voltaire; mais ne me préviens-t-on pas déja fur ces deux objets ? Après les faits dont j'ai rendu compte, l'équité de ma caufe ne s'annonce-t-elle pas d'elle-même, & les deffenſes du Sieur de Voltaire ne ſont-elles pas confonduës d'avance ? mes moyens ſont ma demande. Après avoir été trompé, trahi, ruiné par le Sieur de Voltaire, je lui deman-de aumoins le prix de mon travail, le prix d'un ouvrage que j'ai imprimé pour lui & par ſes ordres, que je n'ai imprimé que ſur la foi d'une permiſſion tacite, que *j'ai refuſé de laiſſer paroître* tant qu'on ne me rapporte-roit pas *la permiſſion des Superieurs*, * & qui effectivement n'a jamais paru dans le public. Quelle eſt la preuve de mon travail ? la Let-tre du Sieur de Voltaire. S'il me répond que dans ſa Lettre il n'a pas nommé l'Ouvrage que j'ai imprimé pour lui, je lui replique que je lui demande le payement d'un Ouvra-ge que j'ai imprimé pour lui & qu'il n'a point nommé dans ſa Lettre. Le Sieur de Voltaire oſe publier qu'il m'a payé en me remettant le manuſcrit, mais ſa Lettre le confond, elle prouve ſon impoſture & ſa mauvaiſe foi. El-

* Lettre du Sieur de Voltaire cy-après.

le prouve qu'il ne m'avoit pas encore payé en 1734. * lors que j'étois à la Bastille & qu'il m'écrivit alors *pour m'en offrir le prix.* Avancera-t-il qu'il m'a payé depuis ? Sa variation ne suffiroit-elle pas pour montrer son infamie ? D'ailleurs sa Lettre opére un commencement de preuve par écrit, & je demande en vertu de l'Ordonnance, à être admis à la preuve par témoins. Je demande à prouver que lors que j'allai chez lui, le jour même que je l'ai fait assigner, sa réponse fut que n'ayant tiré aucun profit de l'édition, il ne m'en devoit que la moitié. Trouvera-t-on dans cette réponse, dont je suis prêt de rapporter la preuve, que l'offre qu'il me fit n'étoit que pour se rédimer de ma vexation ? Il m'a, dit-il, depuis quatre mois fait toucher une gratification de 100. livres, auroit-il été question de m'accorder une gratification s'il m'eût dû quelque chose ? Aurois-je pensé à l'en remercier par une Lettre ? Mais qu'il représente ma Lettre, on y

* L'édition a été faite en 1731.

verra le motif de cette gratification. On y verra que le Sieur de Voltaire allarmé d'un bruit, qui se répandoit, qu'on imprimoit un de ses Ouvrages, que je ne nommerai point, il me chargea d'employer tous mes soins, tant à Paris qu'au dehors, pour découvrir si ce bruit avoit quelque fondement, & que les 100. livres furent la récompense des mouvemens que je m'étois donné.

Mais il en faut venir à la grande objection du Sieur de Voltaire, au reproche qu'il me fait de la perfidie la plus noire, au reproche d'abuser de la conjoncture où il se trouve, d'abuser d'une Lettre qu'il a eu la facilité de m'écrire, & que j'ai sçû tirer de lui sous prétexte de solliciter ma réhabilitation, d'en abuser, dis-je, pour le forcer, par la crainte d'un procès deshonorant, à me payer une somme, qu'il ne me doit pas, & à laquelle il est hors d'état de satisfaire.

C'est donc là le grand moyen du Sieur de Voltaire, ou plûtôt le déplorable sophisme avec lequel il prétend en imposer aux perfonnes les plus refpectables : car enfin la haine de ce reproche ne retombe-t-elle pas fur fon auteur ? Eh ! qu'ai-je à me reprocher, à moi qui ne fais que demander mon dû ? S'il eft vrai que le Sieur de Voltaire ne m'a pas payé, comme il n'eft que trop certain, comme il eft évident, comme j'offre d'en achever la preuve, en quoi fuis-je coupable de m'appuier d'une Lettre qui, en même tems qu'elle établit ma demande, me juftifie d'une calomnie ? les inconveniens font-ils mon fait ? En puis-je être garant ? Que ne me payoit-il fans me noircir dans le public du crime d'exiger deux fois la même dette ? Ne devoit-il pas être content de tous les maux qu'il m'a caufés, de m'avoir engagé dans une affaire malheureufe, fur la fauffe affurance d'une permiffion, de m'avoir privé de la liberté par fa dénonciation calomnieufe, de m'avoir enlevé ma fortune & mon état, fans vouloir encore me ravir l'honneur ? N'ai-je pas à retorquer fon argument contre lui ? N'ai-je pas à lui reprocher qu'il veut se faire un rempart de sa Lettre & des circonstances qu'elle renferme, non seulement pour me refuser le payement de ce qui m'est dû , mais encore pour me rendre odieux & pour accumuler contre moi calomnie sur calomnie ? Et lorsque le Sieur de Voltaire a la hardiesse d'appuyer ses faux raisonnemens d'un mensonge aussi grossier que celui de son indigence , lorsqu'avec 28000. livres de rente , * indépendemment des sommes d'argent qu'il a répanduës dans Paris , il ose avancer qu'il est hors d'état de payer une somme aussi considérable que celle que je lui demande ; se peut-il que quelqu'un se laisse éblouir par ses artifices ? Ne se trahit-il pas lui-même par cette nouvelle fausseté ? Cette derniere circonstance ne montre-t-elle pas clairement ce qu'on doit penser de toutes les autres ; & dans toute la conduite que le Sieur de Voltaire a

* Il y en a 18500. de saisis pour la dette présente.

tenuë avec moi ne voit-on pas un homme à qui rien n'eſt ſacré, qui ſe joüe de tout, & qui ne connoît point de moyens illicites, pourvû qu'ils le menent à ſon but ?

Enfin le Sieur de Voltaire m'oppoſe une fin de non recevoir. Il ſoûtient que je ſuis mal fondé à lui demander le payement d'une édition qui a pû être ſaiſie. Une fin de non recevoir, c'eſt donc-là la deffenſe familiere du Sieur de Voltaire ? C'eſt ainſi qu'il vient de payer un tailleur pauvre & aveugle, à qui comme à moi, il a oppoſé une fin de non recevoir. Voilà donc le payement qui m'étoit réſervé & que ma malheureuſe confiance pour le Sieur de Voltaire devoit me procurer ? Mais eſt-il recevable lui-même à m'oppoſer cette fin de non recevoir ? après m'avoir ſéduit par l'aſſûrance d'une permiſſion verbale ; après que je n'ai travaillé que ſur la foi de cette permiſſion ; après que, ſi je ſuis coupable, je ne le ſuis que pour m'être fié à la parole du Sieur de Voltaire , puisque dans tous les tems j'ai refusé de laisser répandre l'édition, jusqu'à ce que la permission me fût montrée & qu'effectivement elle n'a jamais paru, de quel front le Sieur de Voltaire, ose-t-il se faire une exception de ce qu'il m'a trompé ? j'ai trop de confiance dans l'équité des Juges pour appréhender qu'ils adoptent une deffense aussi odieuse. J'espére même que les personnes respectables qui honorent de leur protection les talens du Sieur de Voltaire me plaindront d'avoir été séduit par ces mêmes talens & que touchées de mes malheurs , elles pardonneront à la nécessité de me deffendre & de me justifier d'avoir dévoilé des faits que l'intérêt seul ne m'auroit jamais arrachés & que je n'ai mis au jour qu'afin de ne me pas laisser ravir l'honneur , le seul bien qui me reste.

Signé, J O R E.

Vous me mandez, Monfieur, qu'on vous donnera des Lettres de grace, qui vous rétabliront dans votre Maîtrife en cas que vous difiez la vérité qu'on exige de vous fur le Livre en queftion, ou plûtôt dont il n'eft plus queftion.

Un de mes amis très-connu, ayant fait imprimer ce Livre en Angleterre uniquement pour fon profit, fuivant la permiffion que je lui en avois donnée, *vous en fîtes de concert avec moi une édition en* 1730. (*c'eft en* 1731.)

Un des hommes des plus refpectables du Royaume, fçavant en Théologie comme dans les Belles-Lettres, m'avoit dit en préfence de dix perfonnes chez Madame de Fontaine-Martel, qu'en changeant feulement vingt lignes dans l'Ouvrage, il mettroit fon approbation au bas. Sur cette confiance je vous fis achever l'édition. Six mois après j'appris qu'il fe formoit un parti pour

me perdre, & que d'ailleurs M. le G. D. S.
ne vouloit pas que l'Ouvrage parût. *Je priai
alors un Conseiller au Parlement de Roüen de
vous engager à lui remettre toute l'édition. Vous
ne voulûtes pas la lui confier, vous lui dîtes que
vous la déposeriez ailleurs, & qu'elle ne paroîtroit jamais sans la permission des Superieurs.*

Mes allarmes redoublerent quelques tems
après, surtout lorsque vous vîntes à Paris.
Alors je vous fis venir chez M. le Duc de
Richelieu, je vous avertis que vous seriez
perdu si l'édition paroissoit, & je vous dis
expressément que je serois obligé de vous
dénoncer moi-même. Vous me jurâtes qu'il
ne paroîtroit aucun Exemplaire ; mais vous
me dîres que vous aviez besoin de 1500. livres *, je vous les fis prêter sur le champ
par le Sieur Paquier Agent de Change,
ruë Quinquempoix, & vous renouvellâtes
la promesse d'ensevelir l'édition.

* Ils m'avoient été prêtés pour 4. mois & je les ai
acquités au bout de deux.

Vous

Vous me donâtes feulement deux Exemplaires, dont l'un fut prêté à Madame de . . . & l'autre tout découfu fut donné à F. Libraire ruë . . . . . qui fe chargea de le faire relier pour M . . . . . . à qui il devoit être confié pour quelques jours.

F. par la plus lâche des perfidies, copia le Livre toute la nuit avec R. petit Libraire d. . . & tous deux le firent imprimer fécrettement. Ils attendirent que je fuffe à la campagne à foixante lieuës de Paris pour mettre au jour leur larcin. La premiere édition qu'ils en firent étoit prefque débitée, & je ne fçavois pas que le Livre parût. J'appris cette trifte nouvelle & l'indignation du gouvernement. Je vous écrivis fur le champ plufieurs Lettres, pour vous dire de remettre toute votre édition à M. Roüillé, & *pour vous en offrir le prix.* Je ne reçus point de réponfe. Vous étiez à la Baftille. J'ignorois le crime de F. Tout ce que je pus faire alors, fut de me renfermer dans mon innocence, & de me taire.

C

Cependant R. ce petit Libraire, fit en fecret une nouvelle édition, & F. jaloux du gain que fon coufin alloit faire, joignit à fon premier crime celui de faire dénoncer fon coufin R..... Ce dernier fut arrêté, caffé de Maîtrife, & fon édition confifquée.

Je n'appris ce détail que dans un féjour de quelques femaines, que je vins faire malgré moi à Paris pour mes affaires.

J'eus la conviction du crime de F. J'en dreffai un Memoire pour M. Roüillé. Cependant cet homme a joüi du fruit de fa méchanceté impunément. Voilà tout ce que je fçai de cette affaire. Voilà la vérité devant Dieu & devant les hommes. Si vous en retranchiez la moindre chofe, vous feriez coupable d'impofture; vous y pouvez ajoûter des faits que j'ignore; mais tous ceux que je viens d'articuler font effentiels. Vous pouvez fupplier votre protecteur de montrer ma Lettre à Monfeigneur le Garde des Sceaux; mais furtout prenez bien garde à votre démarche, & fongez qu'il faut dire la vérité à ce Miniftre.

Pour moi, je fuis fi las de la méchanceté & de la perfidie des hommes, que j'ai réfo-lu de vivre déformais dans la retraite, & d'oublier leurs injuftices & mes malheurs.

A l'égard d'Alzire, c'eft au Sieur Def-moulins qu'il faut s'adreffer. Je ne vends point mes Ouvrages, je ne m'occupe que du foin de les corriger ; ceux à qui j'en don-ne le profit s'accommoderont, fans doute, avec vous. Je fuis entierement à vous.

Signé, VOLTAIRE.

Le Confeil fouffigné qui a vû la Lettre & le Mémoire cy-deffus, eft d'avis que le Sieur Jore eft bien fondé à demander à être admis à la preuve par témoins, attendu le commencement de preuve par écrit qui ré-fulte de la Lettre du Sieur de Voltaire, & que le Sieur de Voltaire eft mal fondé à op-pofer au Sieur Jore une fin de non rece-voir. Déliberé à Paris ce 9. Juin 1736.

Signé, BAYLE.

De l'Imprimerie de JACQUES GUERIN,
Quay des Auguftins. 1736.